CATALOGUE
DES TABLEAUX,
DESSEINS, ESTAMPES
ET BOSSES,

Provenans de la Succeſſion de
M. COLLIN DE VERMONT.

TABLEAUX.

UNE Vierge de six pouces ½ de haut
sur cinq pouces de large, peinte à
huile, brodure dorée.
2. Un Tableau du Baſſan, peint à huile, Bordure dorée, d'un pied de
haut sur sept pouces de large, repréſentant trois figures.
3. Une Vierge & l'Enfant Jesus, d'un
pied & demi de haut, sur quatorze
pouces de large, peint à huile,
bordure dorée.

A ij

4. Un Tableau peint sur toile, de douze pouces ½ de haut, sur neuf pouces ½ de large, bordure dorée, représentant Saint Bruno; peint par le Mole.

5. Une Tête d'enfant, dessinée aux trois crayons par le Guide, montée sous verre, bordure dorée de dix pouces de haut, sur huit de large.

6. Un Dessein sous verre, bordure dorée. Le Passage du Rhin dessiné à la plume par Whc.

7. Deux Desseins pendants, sur papier bleu, aux crayons noir & blanc par M. Rigaud. Portraits d'une Dame & d'un jeune homme, montés sous verre, bordures dorées.

8. Deux beaux Desseins aux trois crayons, d'après David Tenniers, montés sous verre, bordures dorées, de quatorze pouces de large, sur dix de haut.

9. Une Estampe sous verre, bordure dorée. Portrait de M. Titon du Tillet, d'après l'Argilliere.

10. Un grand Tableau peint sur toile, dans sa bordure dorée. Portrait d'homme en pied, copié d'après Vandeik par M. Rigaud.

11. Un grand Tableau peint sur toile,

dans sa bordure dorée. Portrait de femme en pied, copié d'après Vandeik par M. Rigaud.

12. Un Tableau peint sur toile, moulure dorée, environ toile d'un écu. Une Présentation au Temple, original de M. de Vermont.

13. Quatre Médaillons en émail sur cuivre sans bordure ; représentans différens sujets.

14. Une grande Médaille de cuivre doré. Portrait de Clément XI.

15. Cinq Estampes collées sur toile & chassis, bordures dorées. Les grandes Batailles d'Alexandre, gravées par Audran.

16. Un Tableau à huile, environ toile de 40, bordure dorée. Massacre des Innocens par M. de Vermont.

17. Petit Tableau à huile, toile de 8, bordure dorée, copié d'après Vauvermans par M. de Blamont.

18. Petit Tableau à huile, toile de 6, bordure dorée. Une Vierge & l'Enfant Jesus, d'après Paul Veroneze.

19. Trois petits Tableaux à huile, toile de 4, petites bordures dorées. Trois Portaits d'hommes par M. Rigaud.

20. Un Tableau toile de 15. à huile, bordure dorée. Une Magdelaine copiée d'après le Guide.   Aiij

21. Un Tableau à l'huile, toile de 3 liv. bordure dorée. Un S. Jérôme de l'Ecole Vénitienne.

22. Un grand Tableau à huile, d'environ six pieds de long, sur quatre pieds & demi de haut. Les Pélerins d'Emaüs, copié d'après Paul Veroneze par M. Stiemart.

23. Tableau à huile, toile de 6 liv. baguettes dorées. Les Noces de Thétis & de Pelée, original de M. de Vermont.

24. Un grand Tableau de plus de six pieds de long, sur près de cinq de haut, bordure dorée. La Maladie de Seleucus, original de M. de Vermont.

25. Petit Tableau à huile sur toile, bordure dorée. Esquisse de Portrait en pied, peint par M Rigaud.

26. Petit Tableau à huile, sur toile, bordure dorée. Esquisse de M. Rigaud, du Portrait de Louis XV, en pied.

27. Tableau sur toile, à huile, bordure antique, dorée. Chasse de Sanglier forcé.

28. Petit Tableau sur toile, vieille bordure, Esquisse de Benedette Castillione. Voyage de Jacob en Egypte.

CATALOGUE
DES TABLEAUX,
DESSEINS, ESTAMPES,
ET BOSSES,

Provenans du Cabinet de M. Hyacinthe Collin de Vermont, Peintre ordinaire du Roi, & Adjoint à Recteur de son Académie Royale de Peinture & Sculpture.

Dans lesquels sont compris des Tableaux, Desseins & Estampes de M. Rigaud, Peintre du Roi.

Dont la Vente se fera en détail, au jour & au lieu indiqués par les Affiches.

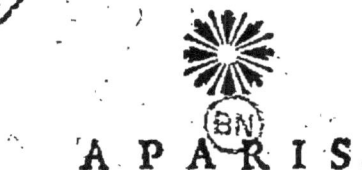

A PARIS;

Chez DIDOT l'aîné, Libraire & Imprimeur rue Pavée, près du Quai des Augustins, à la Bible d'Or.

M. DCC. LXI.

CATALOGUE

DES TABLEAUX,

DESSEINS, ESTAMPES,

ET BOETES,

PROVENANS du Cabinet de M. ANISSON-DUPERON, ci-devant Directeur de l'Imprimerie Royale, & de l'Imprimerie Royale de Musique, &c.

Dans lesquels sont compris des Tableaux, Desseins & Estampes de M. Reaud, Peintre du Roi.

Le tout sera fait par M. Joullain *père, Graveur & ancien Expert.*

※

A PARIS,

Chez J. Oursel, Imprimeur, rue Poupée, près du Quai des Augustins, à la Bible d'Or.

────────

M. DCC. LXIX.

29. Tableau à huile, toile de 12, copié d'après M. Jouvenet. Notre Seigneur qu'on met dans le tombeau.
30. Tableau à huile, toile de 40, bordure dorée, copié d'après Vandeik par M. Rigaud. Un Homme en cuirasse.
31. Deux petits Tableaux à huile, bordures dorées, Esquisses terminées de M. Rigaud, de Tableaux d'Echevins pour l'Hôtel de Ville.
32. Deux petits Tableaux à huile sur cuivre, bordures dorées, deux paysages de forêt.
33. Petit Tableau rond sur toile, peint à huile, Esquisse de la coupole des Invalides par la Fosse.
34. Tableau à huile, bordure dorée, du Bassan.
35. Tableau à huile, toile de 50, bordure dorée, les Nymphes qui coupent les aîles à l'Amour, original de M. de Vermont.
36. Petit Tableau à huile, sur toile, bordure dorée, représentant des fruits.
37. Un petit Tableau sur toile, représentant deux Portraits d'hommes en cuirasses, copie de M. Rigaud d'a-d'après Vandeik.

38. Tableau à huile, toile de 30, bordure dorée. Alexandre qui recommande le secret, Original de M. de Vermont.

39. Moyen Tableau à huile sur toile, moulure dorée : Alexandre dormant, Original de M. de Vermont.

40. Tableau sur toile de 15, bordure dorée : l'Amour tenant une flêche, Original de M. Rigaud.

41. Tableau sur toile, bordure dorée. Un Enfant qui dort appuyé sur une tête de mort, Original de Vandeik.

42. Tableau sur toile, bordure dorée. Tête de Vieillard, Original de Vandeik.

43. Grand Tableau sur toile, moulure dorée. Le Jugement de Salomon, Original de M. de Vermont.

44. Tableau sur toile de 20, bordure dorée. Une Descente de Croix, Original de M. de Vermont.

45. Moyen Tableau sur toile, bordure dorée. Tête de Vieillard, Original du Titien.

46. Grand Tableau sur toile de 6 liv. non bordé, copie d'après le Titien.

47. Deux petits Tableaux non bordés, toile de 12. Paysage.

48. Tableau non bordé toile de 40.

Une Charité Romaine de M. de Vermont.

49. Tableau sur toile de 20. Bacchanale, d'après le Titien.

50. Tableau toile de 15, bordure dorée. Alexandre renfermant un papier dans une cassette, Original de M. de Vermont.

51. Tableau en long sur toile non bordée. Esquisse de M. de Vermont, représentant un Repas.

52. Tableau non bordé, toile de 15. La Résurrection du Lazare, Original de M. de Vermont.

53. Tableau non bordé, toile de 25. Portrait antique d'un homme en rabat.

54. Tableau non bordé, toile de 25. Portrait antique de femme, les deux mains croisées, tenant des fleurs.

55. Tableau sans bordure, toile de 40. Tête de Turc en turban par M. Rigaud, Tableau non fini.

56. Tableau sans bordure, toile de 30. Portrait de femme, non fini, par M. Rigaud.

57. Portrait d'un Vieil homme par M. de Vermont.

58. Huit Etudes de Têtes peintes sur carton, d'après Rubens par M. de Vermont.

59. Deux très petits Tableaux sur toile, dont une Esquisse de Portrait en pied, de Samuel Bernard par M. Rigaud, l'autre une Tête de Vieillard, Ecole d'Italie.

60. Tableau non bordé, toile de 12. Copie de deux Sujets d'après Gérardy. La Circoncision & la Présentation au Temple.

61. Tableau non bordé, toile de 40. Anacréon réchauffant l'Amour, Original de M. Vermont.

62. Moyen Tableau sur toile, bordé. Christ mort, Magdeleine qui lui baise les pieds.

63. Tableau non bordé, toile de 25, copie d'après Lafosse par M. de Vermont. Apollon & les Muses.

64. Tableau sur toile non bordé, copie de M. de Vermont. Une femme appuyée sur sa main, d'après le Féty.

65. Tableau non bordé, toile de 3 liv. copie d'après le Georgion par M. Stiemart. Concert champêtre.

66. Tableau non bordé, toile de 30, copie de M. de Vermont, d'après Rubens. Tête de femme coëffée d'un chapeau avec une plume.

67. Tableau quarré non bordé, copie d'après le Corrége par M. de Ver-

mont. La Vierge & l'Enfant Jesus.

68. Un tableau non bordé, toile de 3 liv. L'Adoration des Rois, Original de M. de Vermont.

69. Tableau non fini, toile de 40. Représentant un jeune Hussard par M. Rigaud.

70. Portrait par M. de Vermont, d'un homme en cuirasse & Croix de Saint Louis.

71. Tableau non bordé, toile de 30. Elévation de Notre Seigneur en Croix, Tableau non fini.

72. Tableau non bordé, toile de 35. Un Négre portant des fruits, par M. Rigaud.

73. Un Tableau de fleurs non bordé, toile de 20.

74. Deux Tableaux sur toile non bordés. Deux Etudes de quatre Têtes par M. de Vermont.

75. Cinq petits Tableaux de M. de Vermont, dont deux Etudes de Têtes. Un S. Michel; la Lutte de Jacob contre l'Ange, & Angelique & Médor.

76. Petit Tableau non bordé, toile de 6. Le petit Pirrhus aux pieds du Roi Glaucias par M. de Vermont.

77. Une Esquisse de M. de Vermont,

d'une Présentation au Temple, exécuté en grand pour la Chapelle de la Vierge de la nouvelle Paroisse de S. Louis à Versailles.

78. Un Tableau non bordé, environ toile de 10. Bacchus & Erigone.

79. Un Tableau non bordé, toile de 3 liv. Un S. Bruno tenant une tête de mort.

80. Un autre pareil non bordé. Autre S. Bruno tenant une Croix.

81. Une Tête d'homme de M. Rigaud, de son meilleur tems.

82. Autre Tête d'homme, *idem*, en Cordon bleu.

83. Le Portrait de M. Rigaud non fini, peint par lui-même dans sa jeunesse.

84. Un grand Portrait fini d'un homme par M. Rigaud.

85. Un grand Portrait fini d'un homme en cuirasse, par le même.

86. Un grand Portrait d'homme appuyé sur une chaise, par *idem*.

87. Un grand Portrait du Cardinal Tencin, non fini, par *idem*.

88. Un grand Portrait de Femme tenant des fleurs, avec un Negre, par *idem*.

89. Un grand Portrait de Monseigneur le Duc de Bourgogne en cuirasse, par *idem*.

90. Un grand Portrait du Duc de Mantoue en cuirasse par *idem*. La Bataille

TABLEAUX.

du fond, par M. Parrocel.

91. Un grand Portrait de femme tenant un chien, par *idem*.

92. Un grand Portrait de femme tenant un œillet avec un négre, par *idem*.

93. Un Portrait d'homme, toile de 40. par *idem*.

94. Autre Portrait d'homme, toile de 25. par *idem*.

95. Autre Portrait d'homme, toile de 25. par *idem*.

96. Autre Portrait d'homme, toile de 25. par *idem*.

97. Tête de M. Girardon, par *idem*.

98. Tête de jeune homme, par *idem*.

99. Tête de M. l'Abbé Haniſſon par *id*.

100. Portrait de M. Rigaud par lui-même.

101. Tête d'homme par *idem*.

102. Tête d'homme par *idem*.

103. Tête d'homme par *idem*.

104. Tête de jeune homme par *idem*.

105. Tête d'homme par *idem*.

106.
107.
108.
109. } Huit toiles de 20. qui ſont,
110. } Etudes de cuiraſſes, armures &
111. } draperies, peintes par Monſieur
112. } Rigaud.
113.

114.⎫ Deux toiles de 20. Etudes de
115.⎭ fleurs par M. Rigaud.
116. Neuf petits Tableaux liés ensemble, Etudes de différens sujets, par le même.
117. Deux petits Tableaux liés ensemble, l'un bordé, l'autre non bordé, dont une Equiffe.
118. Un petit Tableau bordé. Une Vierge, copie d'après le Guide.
119. Petit Tableau non bordé d'après Berghem.
120. Six petits Tableaux non bordés de différentes grandeurs, Portraits & autres.
121. Trois Tableaux de M. de Vermont, dont un Chrift, un Crucifiment commencé, & l'Efquiffe de la Mâne dans le défert.
122. Un grand Portrait de femme, par M. Rigaud.
123. Une Tête d'homme par *idem*.
124. Une Tête de femme par *idem*.
125. Tête de femme par *idem*.
126. Tête de femme par *idem*.
127. Grand Portrait d'homme par *idem*.
128 Grand Portrait d'homme par *idem*.
129. Tête d'homme par *idem*.
130. Tête d'homme par *idem*.
131. Tête d'homme par *idem*.
132. Tête d'homme par *idem*.

133. Tête d'homme par *idem*.
134. Tête d'homme par *idem*.
135. Tête d'homme par *idem*.
136. Un jeune enfant en pied par *idem*.
137. Tête d'homme par *idem*.
138. Tête d'homme par *idem*.
139. Tête d'homme par *idem*.
140. Portrait de M. Rigaud par lui-même.
141. Tête d'homme par *idem*.
142. Tête d'homme par *idem*.
143. Tête d'homme par *idem*.
144. Tête d'homme par *idem*.
145. Tête d'homme par *idem*.
146. Tête d'homme par *idem*.
147. Tête de femme par *idem*.
148. Tete de femme par *idem*.
149. Tête de femme par *idem*.
150. Tête de Religieuse par *idem*.
151. Tête de femme par *idem*.
152. Tête de femme par *idem*.
153. Equiſſe d'une Nativité par M. de Vermont.
154. Un très grand Portrait en pied non fini d'un homme en cuiraſſe.
155. Un Tableau en paſtel monté ſous verre avec bordure dorée, le Maſſacre des Innocens.
156. Un autre Tableau en Paſtel, monté ſous verre avec bordure dorée.

157. Un Tableau en pastel monté sous verre, avec bordure dorée. Portrait d'un Evêque d'Arménie.

158. Une Boëte dans laquelle il y a quatre miniatures, dont le Portrait de Louis XIV. & des morceaux d'ivoire pour peindre.

159. Un rouleau de 26. morceaux de toile, Etude d'après nature, d'animaux, fleurs & plantes.

160. Un petit Tableau non bordé. Histoire de Cléopâtre aux pieds de Jules César, Esquisse de M. de Vermont.

161. Un petit Tableau non bordé. Le Mariage d'Alexandre, Esquisse de M. de Vermont.

162. Trente trois petits Tableaux sous le même N°. toile de 8. tous bordés de petites bordures dorées, suite complette de l'histoire de Cyrus, Originaux de M. de Vermont.

DESSEINS.

1. Huit Desseins de Batailles par Parocel le pere.
2. Un Deſſein dans le goût de Lanfranc.
3. Un Deſſein de Bataille par Weſchure.
4. Un Deſſein d'une halte par Weſchure.
5. Trente trois Etudes & Deſſeins par M. le Brun.
6. Soixante trois Etudes de différens Maîtres.
7. Quinze Deſſeins de Rimbrandt.
8. Six Deſſeins de Rimbrandt.
9. Dix Deſſeins de Rimbrandt.
10. Douze Deſſeins de Rimbrandt.
11. Quatre Deſſeins de Bloëmar.
12. Trois Deſſeins, dont deux de Bloëmar, & un de Rimbrandt.
13. Douze Deſſeins dont quatre d'Alexandre, & le reſte de Roëttiers, Coypel & autres.
14. Quatre Deſſeins d'Italie.
15. Quatre Deſſeins d'Italie
16. Deux Deſſeins, dont un de M. le Sueur.
17. Sept Deſſeins de M. le Sueur.
18. Huit Deſſeins de Wouette.

DESSEINS.

19. Deux Desseins de Rubens.
10. Quinze Desseins & Académies de différens grands Maîtres François.
21. Un Dessein du Puget.
22. Un Dessein de M. le Gros.
23. Quatre Desseins des grands Maîtres d'Italie.
24. Quatre Desseins du Bourdon.
25. Huit Desseins de le Brun, le Sueur & autres.
26. Trois beaux Desseins de Paysages d'Italie.
27. Esquisses du Plafonds de M. Le Brun de la gallerie de Versailles.
28. Deux Desseins de Vandeik.
29. Trois desseins de Vandeik.
30. Six Esquisses de Vandeik, dont son Portrait par lui-même.
31. Une Tête dessinée par M. le Brun.
32 Trois Desseins de Vandeik.
33. Desseins de Charles Parrocel.
34. Sept Desseins des grands Maîtres d'Italie.
35. Six Desseins des grands Maîtres d'Italie.
36. Onze Desseins des grands Maîtres d'Italie.
37. Onze Académies de Maîtres François.
38. Vingt Desseins de Différens Maîtres François.
39. Quatre-vingts Desseins & Etudes

de différens Maîtres.

40. Vingt-deux Deſſeins de différens Maîtres.

41. Trois Deſſeins. Machine Hydraulique pour monter à la découverte à l'armée.

42. Dix-huit Deſſeins de différens Maîtres François.

43. Quatre-vingt-dix Deſſeins de Plans de Villes & Fortifications.

44. Quatorze Deſſeins gravés en maniere de crayon.

45. Environ trois-cens Croquis & Etudes.

46. Trente-ſix Deſſeins tant Batailles, Etudes, que Compoſitions.

47. Dix-neuf Deſſeins de Compoſitions.

48. Vingt-huit Etudes d'après nature par M. Rigaud & autres.

49. Quarante Deſſeins d'Etudes & Compoſitions.

50. Trente Têtes d'après Raphael & autres Maîtres d'Italie.

51. Quarante Têtes & Etudes d'après Raphael.

52. Trente-trois Etudes d'après, l'antique.

53. Trente-ſix Etudes d'après nature.

54. Trente-cinq Etudes d'après nature.

55. Dix ſept Deſſeins, Compoſitions & Etudes.

56. Quarante trois Desseins & Etudes d'après les Tableaux du Cloître des Chartreux, de le Sueur.
57. Quinze Desseins de Whc.
58. Soixante-cinq Desseins, Etudes & Compositions.
59. Quinze Desseins peints en huile.
60. Dix Desseins à l'Encre de la Chine, & Vues par Whc.
61. Dix Desseins à l'Encre de la Chine, Batailles & Vues par Whc.
62. Douze Desseins à l'Encre de la Chine, Batailles & Vues par Whc.
63. Dix Esquisses peints à huile sur papier & toile.
64. Vingt Etudes d'après nature.
65. Dix-huit Etudes & Desseins au crayon.
66. Trente-neuf Etudes d'après nature par M. Rigaud.
67. Vingt Etudes d'après nature par M. Rigaud.
68. Vingt Etudes d'après nature par M. Rigaud.
69. Dix-sept Etudes d'après nature par M. Rigaud.
70. Dix Etudes de mains par M. Rigaud.
71. Un paquet de Desseins de Portraits très finis aux crayons noir & blanc

& lavés par M. Rigaud, qui ont servi pour graver ses Tableaux.

72. Un paquet d'Académies dessinées par M. de Vermont.

73. Un Livre relié en veau, cinquante Desseins de Composition différentes.

74. Trois petits Livres reliés en Parchemin, contenant quatre-vingt-quatorze Desseins d'après les grands Maîtres d'Italie & l'Antique.

MODELES ET FIGURES

EN PLATRE ET EN TERRE CUITE.

1. Figure de dix pouces terre cuite. Un Vulcain par M. Poirier.

2. Grande Tête de Démosthene en plâtre bronzé sur un pied de marbre noir.

3. Deux Vases de Medicis, en plâtre bronzé sous le même numéro.

4. Un Buste en plâtre Portrait d'homme.

5. Un Enfant en plâtre par M. Pigal.

6. Un Gladiateur en plâtre.

7. Deux Figures d'adolescents en plâtre, de François Flamand, sous le même numéro.

8. Une Figure en plâtre. Le Mirmir mourant, d'après l'Antique.

9. Deux petites Figures en gaîne, de terre cuite.
10. Un Enfant en plâtre de François Flamand.
11. Une Tête en plâtre de François Flamand.
12. Une petite Figure équestre de Louis XIV, en plâtre.
13. La Venus de Medicis en plâtre, de deux pieds de hauteur.
14. Un Buste en plâtre. Tête d'homme sur sa gaîne de menuiserie peinte en marbre par M. Coyzevox.
15. Un autre pareil Buste. Portrait de M. Rigaud par Coyzevox.
16. Un autre pareil Buste. Portrait de Madame Rigaud la mere par M. Coyzevox.
17. Vingt Têtes en plâtre tant antiques que modernes.
18. Quarante-deux morceaux tant Pieds, Mains & Torses, dont plusieurs Mains moulées sur nature.
19. Vingt-quatre Enfans moulés en plâtre.
20. Cinq pieces d'Armures de fer battu avec boutons & attaches de cuivre, sçavoir deux morceaux de Cuirasses devant & derriere, un Casque ou Heaume à charniere, & deux Epaulettes aussi à charniere.

ESTAMPES.
ECOLE D'ITALIE.

1. Deux cens vingt-deux Estampes de Tempeste.
2. Loges de Raphael par Chaperon, premiere Epreuve, reliées en parchemin.
3. Loges de Raphael à l'eau forte.
4. Galerie du Palais Farneze.
5. Gravures d'après Raphael, & bas-reliefs d'après le même, reliés en Parchemin.
6. Soixante une Estampes. Antiquités Romaines par Pietre-Sante.
7. Trente une Estampes de Pietre Teste.
8. Cinq Estampes en six pieces, de Leonard de Vinci & autres.
9. Deux Estampes. La Descente de Croix de Daniel Voltaire, & la Transfiguration de Raphael par Dorigni.
10. Vingt-cinq Estampes d'Italie en vingt six pieces.
11. La Psyché de Raphael par Dorigni, reliée en carton.
12. Trente-cinq Estampes de différens Maîtres.

13. Quatorze Estampes de différens Maîtres
14. Quatorze Estampes de Carle Marate.
15 La Coupole du Correge, complette.
16. Vierge du Correge, gravée par Spierre.
17. Quinze Estampes de différens Maîtres.
18. Dix-huit Estampes de différens Maîtres.
19. Huit Estampes de Pietre de Cortone.
20. Dix-huit Estampes de différens Maîtres.
21. Dix Estampes du Palais Barberin.
22. La Colonne Trajane par Pietre Sante, reliée en veau.
23. La Colonne Antonine par Pietre Sante, reliée en veau.
24. Un Livre d'Architecture d'Italie, relié en veau.
25. Un Livre de Vues du Palais de Venise.
26. Œuvres de le Fevre de Venise, reliés en veau.
27. Eaux-fortes d'Italie de Carle Marate & du Guide, Originaux.
28. Dix Morceaux d'Estampes mêlées, de différens Maîtres.

29. Six Morceaux de différens Maîtres d'Italie.
30. Dix-huit Estampes de différens Maîtres d'Italie.
31. Deux Livres, l'un relié en parchemin. Les Cariathides de Raphael, & Têtes d'Etudes de Raphael par Dorigni.
32. Galerie de Pierre de Cortonne.
33. Cinquante une Estampes de différens Maîtres.
34. Trente quatre Estampes de Label.
35. Une Estampe. La Sainte Famille de Raphael par Edelink, premiere Epreuve sans armes.

ECOLE DES PAYS-BAS.

1. Trente huit Morceaux de Sadeler dont les douze Mois de l'Année. Un Volume relié en veau.
2. Trente deux Estampes maniere noire.
3. Six Estampes maniere noire, dont quatre de Shmitz & deux de Whits.
4. Six Estampes maniere noire de Shmitz.
5. Huit Estampes maniere noire de Shmitz.

6. Sept Estampes maniere noire de Shmitz.
7. Huit Estampes maniere noire de Shmitz.
8. Huit Estampes maniere noire de Shmitz.
9. Quatorze Estampes de Rubens.
10. Neuf Estampes de Vandeik.
11. Onze Estampes de Rubens.
12. Dix Estampes de Rubens.
13. Dix Estampes de Jordans d'Anvers.
14. Six Estampes de Rubens.
15. Cinq Estampes de Rubens.
16. Quatre Estampes de Rubens en Six pieces
17. Une Estampe, l'Ecce Homo de Vandeik.
18. Quinze Estampes de Vauvremans & de Berghem.
19. La Galerie de Rubens du Luxembourg, complette.
20. Vingt cinq Estampes de Lairesse.
21. Cent quatorze Estampes, Portraits d'hommes Illustres par Vandeik.
22. Cinquante Portraits, de différens Maîtres.
23. Vingt un Paysages de Rubens, relié en parchemin.
24. Seize Estampes de Rubens, Vandeik, & autres.

25. Quatre Estampes de Diépinbeck.
26. Cinq Estampes de Rimbrandt, dont la mort de la Vierge.
27. La grande Descente de Croix de Rimbrandt, belle Epreuve.
28. Huit Estampes dont sept de Vauvremans par Vischer, & une de Rubens.
29. Neuf Estampes, Portraits de Vandeik, gravés par Lombard.
30. Dix-Neuf Estampes d'Albert Durer reliées en parchemin.
31. Une Estampe, l'Ecce Homo, de Rimbrandt.

ECOLE FRANÇOISE.

1. Livre à dessiner par le Clerc, cinquante Estampes.
2. Soixante Vignettes de l'Histoire du Languedoc, de Caze gravées, par Cochin, premieres Epreuves.
3. Les Chartreux par le Sueur, relié en veau.
4. Paysage de Perel, deux cens cinquante deux Estampes.
5. Parallele de l'Architecture Antique & Moderne. Paris 1650.

6. Entrée triomphante de Louis XIV à Paris 1662, relié en veau.
7. Les Proportions du Corps Humain, par Audran *Paris*, 1683, relié en veau.
8. Architecture de Vignoles, *Amsterdam* 1619, relié en parchemin.
9. Proportions du Corps Humain par Audran, *Paris* 1683, relié en veau.
10. Jeux d'Enfans par Mademoiselle Stella, *Paris* 1657.
11. Quatre Livres reliés, dont Discours sur les Arcs triomphaux.
12. La Galerie d'Ulisse de Fontainebleau par S. Martin de Boullogne, 1689, relié en veau.
13. Cabinet des Beaux Arts par Perrault, & Mysteres de la Vie de Jesus-Christ, inventés & gravés par Parocel le pere.
14. Les travaux d'Ulisse & la Gallerie de Salle de Bal à Fontainebleau, reliés en veau & parchemin.
15. Cent quarante huit Estampes de différens Maîtres, dans un portefeuille
16. Douze Estampes de Jouvenet.
17. Triomphes de Constantin & le Pont de Maxence en sept morceaux par le Brun, gravés par Gaudran.

18. Douze Estampes en dix-huit pieces par le Brun, dont la Chapelle de Sceaux.
19. Six Estampes de le Brun, dont la Franche Comté.
20. Huit Estampes de le Brun en seize pieces.
21. Soixante neuf Morceaux de le Brun, dont les douze Apôtres & le Mausolée du Chancelier Seguier par le Clerc.
22. Huit Morceaux de Coypel, dont Adam & Eve.
23. Deux Estampes de M. Boullogne, dont la Présentation au Temple par Drevet.
24. Onze Estampes de différens Maîtres François, dont le Lavement des pieds, de M. Bertin.
25. Trois Estampes de le Brun, dont la Magdelaine, avant l'addresse de Drevet.
26. Vingt Estampes, dont quatre grandes Vues d'Angleterre par Rigaud.
27. Huit grands Paysages du Poussin.
28. Les quatre Elémens de M. Boullogne avant la retouche.
29. Neuf Estampes en onze pieces, de le Brun.
30. L'Hôtel Lambert par le Sueur & le

Brun, en cinquante deux Estampes.
31. Seize Portraits de Rigaud & de Largilliere.
32. Trente six Estampes, Portraits, de Rigaud & autres.
33. Cinq Portraits dont le Roi à cheval par Vanloo & Parocel.
34. Trente quatre Estampes, Portraits de différens Maîtres.
35. Trente deux Estampes, Portraits de différens Maîtres.
36. Vingt Estampes, Portraits de différens Maîtres.
37. Madame Boucher par M. Raoux.
38. Soixante & quatorze Modes de S. Jean.
39. Quatre vingts Estampes de Parocel le pere, gravées à l'eau-forte par lui-même.
40. Trente Portraits de différens Maîtres.
41. Trente Portraits de différens Maîtres.
42. Vingt-quatre Portraits de différens Maîtres.
43. Dix Portraits de différens Maîtres.
44. Dix Portraits de différens Maîtres.
45. Une Estampe, Portrait du Comte d'Harcourt par Masson.
46. Cent sept Estampes gravées par le

Comte de Caylus d'après différens Maîtres Italiens.

47. Trente neuf Eſtampes, les petites Conquêtes de Louis XIV.

48. Une Eſtampe, Catafalque de Guſtave Roi de Suede par le Clerc.

49. Vingt cinq Eſtampes. Hiſtoire de Don Quichotte par Coypel.

50. Cabinet de Boyer d'Aguile, premiere partie reliée en Maroquin & la ſeconde en baſane, contenant quarante cinq Eſtampes.

51. Soixante & trois Eſtampes par Melan.

52. Quinze Eſtampes, Morceaux de la Galerie de S. Cloud par Mignard.

53. Trente quatre Eſtampes. Le Cabinet de Girardon.

54. Quatre vingts Eſtampes du Bourdon.

55. Sept Eſtampes & Frontiſpices. Les Œuvres de Miſéricorde du Bourdon.

56. Quatorze Eſtampes. Le Roman Comique.

57. Trois Eſtampes. Deux Portraits de Louis XIV, & un de Louis XV par Rigaud, Anciennes Epreuves.

58. Trois cens trente quatre Eſtampes par le Comte de Caylus.

59. Cent ſoixante cinq Eſtampes de différens Maîtres.

60. Cent trente quatre Estampes de différens Maîtres.
61. Une Estampe. Le Passage de la Mer Rouge par Verdier.
62. Treize Portraits maniere noire.
63. Trente six Estampes de Rigaud.
64. Sept Estampes en treize morceaux, de Mignard.
65. Deux Estampes de le Sueur.
66. Alexandre malade par le Sueur.
67. Trente Estampes en trente trois morceaux, du Poussin.
68. Les sept Sacremens, du Poussin.
69. Trente quatre Estampes Françoises de différens Maîtres.
70. Huit Estampes de le Moine & Vanloo.
71. Dix Estampes de Troy.
72. Quinze Estampes de Coypel.
73. Quarante Estampes de différens Maîtres.
74. Quarante six Estampes de différens Maîtres.
75. Quarante Estampes de différens Maîtres.
76. Quatorze Estampes, Portraits de Rigaud.
77. Quinze Estampes, Portraits de Rigaud.
78. Seize Estampes *idem*.

ESTAMPES.

79. Six Estampes, *idem*.
80. Quatorze Estampes, *idem*.
81. Seize Estampes, *idem*.
82. Seize Estampes, *idem*.
83. Treize Estampes, *idem*.
84. Une Estampe, Portraits de M. Bossuet par Rigaud.
85. Une Estampe, Portrait de M. de S. Simon Evêque de Metz par Rigaud.
86. Une Estampe, Portrait du Cardinal d'Auvergne par Rigaud.
87. Trois Estampes, Portraits de Rigaud, dont la Fontaine, & la Palatine, Duchesse d'Orléans, en grand & petit.
88. Quatre Estampes, Portraits.
89. Six Estampes, Portraits.
90. Six Estampes, Portraits.
91. Œuvres de la Fage reliés en veau.
92. Quatorze Estampes de différens Maîtres.
93. Le Siége de la Rochelle de Calot, complet, ancienne Epreuve.
94. Une Estampe représentant la Tentation de S. Antoine par Calot, ancienne Epreuve.
95. Trois Estampes de Calot, la Petite Foire, Original & Copie, avec une Vue de Paris, premiere Epreuve.

96. Cent quinze Estampes, morceaux mêlés.
97. Treize Estampes dont neuf morceaux. Le Jugement dernier, de Jean Cousin, & quatre d'Albane.
98. Vingt sept Estampes de le Clerc.
99. Soixante & deux Estampes de le Pautre.
100. Livre relié en veau, Vues des Bâtimens de la Méditerranée & de l'Océan par Geroult du Pas. Quarante deux Estampes de Marine.
101. Quatre vingt trois Estampes, dont quarante sept pieces gravées par M. de Gravelle, & trente six Charges d'après Léonard de Vinci, par le Comte de Caylus, & les Médailles de Louis XV, par Godonesche au nombre de cinquante quatre.
102. Deux cens cinquante huit Estampes mêlées.
103. Cent cinquante sept Estampes, dont trente six de la Passion de le Clerc, & cent vingt & une des Peres du Desert.
104. Trente trois Estampes de Vouet.
105. Cent seize Estampes de Silvestre.
106. Quarante huit Estampes de Plantes.
107. Huit Estampes de Mignard, dont la Petite Galerie, premiere Epreuve.

108. Vingt Morceaux, dont l'Escalier de Versailles par Baudet, le Plat-fonds de Vaux, le Villars, & la Nuit de Sceaux par le Brun.

109. Vingt neuf Portraits de Monsieur & Madame Rigaud, ainsi que de Monseigneur le Duc de Bourgogne.

110. Vingt Eaux-fortes des Maîtres François.

111. Dix-huit Portraits maniere noire.

112. Vingt trois Estampes des Maîtres François.

113. Deux cens quinze Estampes, Paysages François

114. Cent cinquante trois Estampes de différens Maîtres, dont les Pastourelles de Stella.

115. Moïse, de Champagne, Epreuve parfaite.

116. Six Estampes, dont la Curiosité.

117. Cent quatorze Estampes de Calot.

118. Quarante Estampes de différens Maîtres, & Cartes de Geographie.

119. Une Grande Estampe. La Peste de Marseille.

120. Environ deux cens cinquante Estampes, de Perelle, Cochin & autres.

121. Le Grand Plan de Paris en Vingt Planches relié en veau.

J'ai lu le *Catalogue des Tableaux Desseins Estampes &c. de la Succession de M. COLLIN DE VERMONT*, & je n'y ai rien trouvé qui en puisse empêcher l'Impression. A Paris ce 10 Novembre 1761. COCHIN.

Comme le lieu où l'on vendra cette Collection est encore incertain, on ne pourra satisfaire la curiosité du Public, que pendant le courant de la Vente.

www.ingramcontent.com/pod-product-compliance
Lightning Source LLC
Chambersburg PA
CBHW071203240526
45470CB00017B/1256